献给喜欢海边的爸爸。

献给妈妈和我的姐姐们，感谢她们如水的柔情与坚韧。

——阿努克·托拉

献给我的妈妈，我暴风雨中的港湾。

——安雅·苏沙尼

已出版的同系列其他图书：

图书在版编目（CIP）数据

关于人鱼的几乎全部真相 / （德）阿努克·托拉著 ；（克罗）安雅·苏沙尼绘 ； 李颖译. -- 石家庄 ： 花山文艺出版社，2021.8（2024.12重印）
ISBN 978-7-5511-5842-8

Ⅰ. ①关… Ⅱ. ①阿… ②安… ③李… Ⅲ. ①神话－人物形象－研究－世界 Ⅳ. ①B932

中国版本图书馆CIP数据核字(2021)第109613号

冀图登字：03-2021-036号

书　　名：关于人鱼的几乎全部真相
GUANYU RENYU DE JIHU QUANBU ZHENXIANG
著　　者：［德］阿努克·托拉
绘　　者：［克罗地亚］安雅·苏沙尼
译　　者：李　颖

选题策划：北京浪花朵朵文化传播有限公司
出版统筹：吴兴元　　编辑统筹：张丽娜
责任编辑：温学蕾　　特约编辑：马　丹
责任校对：李　伟　　美术编辑：王爱芹
营销推广：ONEBOOK　　装帧制造：墨白空间·王茜
出版发行：花山文艺出版社（邮政编码：050061）
（河北省石家庄市友谊北大街330号）
印　　刷：天津裕同印刷有限公司
经　　销：新华书店
开　　本：889 毫米 × 1194 毫米　1/12
印　　张：5⅓
字　　数：60 千字
版　　次：2021 年 8 月第 1 版
2024 年 12 月第 3 次印刷
书　　号：ISBN 978-7-5511-5842-8
定　　价：99.80 元

读者服务：reader@hinabook.com 188-1142-1266
投稿服务：onebook@hinabook.com 133-6631-2326
直销服务：buy@hinabook.com 133-6657-3072
官方微博：@ 浪花朵朵童书

浪花朵朵

关于人鱼的几乎全部真相

[德] 阿努克·托拉 著　[克罗地亚] 安雅·苏沙尼 绘　李颖 译

花山文艺出版社
河北·石家庄

目 录

亲爱的读者朋友们：

我是人鱼学家阿努克·托拉教授，在世界知名的人鱼学院工作。

说到人鱼，大家可能对他们另外一个名字更为熟悉：美人鱼。第一次遇到这种生物时，我正在我们学院的大西洋野外观测站做观测，记录一些重要的证据——这些证据很可能有助于我们与人鱼之间的沟通和交流。忽然，一位真正的人鱼出现在我眼前。这位年轻的人鱼要求我停止对他的观测。出于对他的尊重，我答应了他的请求。随着时间的推移，我终于意识到，想要见到人鱼，最好的办法就是让他们主动来找你。从那儿以后，我又到过许多其他的海洋，寻求更多的发现。

那么现在，作为本书的开头，我要告诉你们三件事：

第一，大多数人都只听说过美人鱼。但“美人鱼”这个词其实并不能准确地代表整个人鱼群体，因为这是女性人鱼的专用名称。同人类一样，人鱼也有性别之分。他们族群庞大，类别繁多，每一个个体都是独一无二的。

第二，人鱼并不是一个低等而单纯的物种。他们极其复杂，好奇心重，喜爱群居，性情狂暴却又充满智慧，而且行动高度隐秘。本书所记录的种种细节，全靠一代代人鱼学家耗费数百年时光辛苦搜集而来。

第三，海洋在变化，人鱼也在变化。现代的人鱼学家想要与现代的人鱼沟通和交流，通常需要寻找新的方式。

我通过追溯人鱼的历史，并运用新的技术，了解了他们的生活方式以及聚居地。在本书中，我将向你们介绍人鱼的城市、语言、艺术、科学与发明等。具备这些知识之后，我希望你们这些未来的人鱼学家能和我一起探索神秘的人鱼世界。

你们的阿努克·托拉教授

第一章

人鱼是什么？

在各种神话传说中，常常能听到“美人鱼”一词，而美人鱼其实就属于人鱼。人鱼被认为是大海的智者：聪明、强大，是知识的守护者。能目睹人鱼的人，要么幸运得不可思议，要么遭遇过无法想象的危险。

当然，以上的描述并未勾勒出人鱼的全部。当今的人鱼学家们已经知道，世上不光有妩媚动人的美人鱼，还有一个宏大的人鱼世界。人鱼学院已经掌握了大量信息，知道人鱼如何进化，如何在现今的自然条件下生存。让我们一起潜入冰冷、咸涩的海洋深处，与这种不可思议的物种展开第一次亲密的接触吧！

生物学分类[①]：

动物界 | 脊索动物门 | 类哺乳纲 | 三足总纲 | 灵海目 | 纳塔科

① 人鱼的生物学分类系作者杜撰。——译者注

人鱼的诞生与进化

大约 5000 万年之前，人鱼并不是现在这副模样。迄今发现的最早的人鱼是长着四条腿、生活在沼泽中的生物。就像其他动物一样，人鱼为了生存，会不断地进化。当出现新的食物来源时，他们的饮食习惯也会随之改变。而当新的天敌出现时，他们会迁徙，并迅速适应新的栖息地。到了今天，他们已经完全适应在深海生活。

沼泽始祖人鱼

始新世（约 5500 万年前—约 3370 万年前）

沼泽始祖人鱼是小型植食性陆生动物，生活在靠近海滨的沼泽地带。

渐新人鱼

渐新世（约 3370 万年前—约 2380 万年前）

渐新人鱼已具备水生动物的部分特征。他们一半时间生活在淡水中，一半时间生活在陆地上，吃植物的同时也开始吃鱼。

中新人鱼

中新世（约 2380 万年前—约 532 万年前）

中新人鱼的踪迹在淡水和咸水中均有发现。此时的他们脊柱伸展，胸腔变宽，躯干周围的肌肉和皮肤变厚，尾巴大而有力，腿缩短成侧鳍。

上新人鱼

上新世（约 532 万年前—约 181 万年前）

上新人鱼在身体结构上已经很接近今天的人鱼了，只是体形要大得多，并且逐渐进化出更高的智力；侧鳍由于不常使用，已大大缩短；在水面和水下都可以呼吸。他们成为水中的顶级掠食者之一。

现代人鱼

更新世（约 181 万年前—约 1 万年前）至今

现代人鱼是高智商的群居动物，分布于世界各地的海洋和河流中，对环境有着广泛的适应性，并发展出不同的尾部形态。他们几乎不在陆地上生活，但仍保留着用于在水上和水下自由呼吸的器官。

水中的神奇生物

人鱼的身体就像一台神奇的水下机器。具有保暖功能的脂肪层和毛发可以帮助他们调节体温，即控制身体的温度。

眼睛

人鱼的眼睛在水上和水下都能正常使用。他们的眼球表面覆盖着一层透明的薄膜，在水下时，薄膜合上以保护眼球；出水之后，薄膜就自动收起来了。

呼吸器官

人鱼的耳朵后面藏着鳃，可以帮助他们在水下自由呼吸。和某些肺鱼一样，人鱼也有可以直接呼吸空气的器官，他们出水之后，就用这个器官从空气中获取氧气。

皮肤

人鱼的皮肤厚得不可思议，皮下还有一层脂肪，这让他们即使在冰冷的海洋深处，也不会感到寒冷。人鱼的皮肤看上去比人类的更有光泽，但离开水后很容易变得干硬，因此他们并不愿意冒险上岸走太远。

毛发

他们通常长着浓密的头发，皮肤上也覆盖着绒毛，只是肉眼极难发现。这些毛发对水中的动静极为敏感，能感受水流的变化，监测附近动物的动态。可以说，他们能“眼观六路，耳听八方”。

交流

人鱼聊天的时候，声音甜美柔和，温情脉脉，就像隔着水泡传来的音乐声。语气最微小的变化都足以改变他们想要表达的意思。他们也使用手势或其他肢体语言交流。人鱼甜美的歌声对人类有催眠作用。

尾巴

人鱼尾部肌肉发达，尾部的力量可以推动他们以惊人的速度向前游动；尾巴末端的大尾鳍有 7 组骨头，包裹在强壮而有弹性的皮肤中。侧鳍也有十分精妙的骨结构。

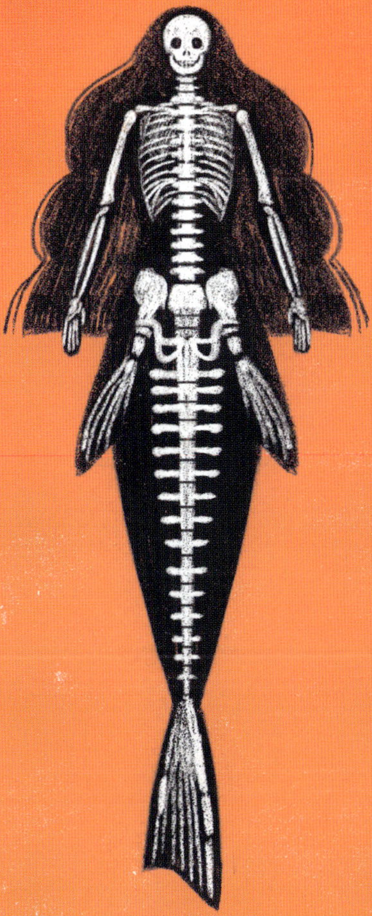

鳞片

人鱼尾部厚厚的鳞片非常坚硬。根据鳞片的颜色和组合出的图案可以区分人鱼所属的族群。人鱼鳞片坚硬异常，甚至可以用来做射穿钢铁的箭头。

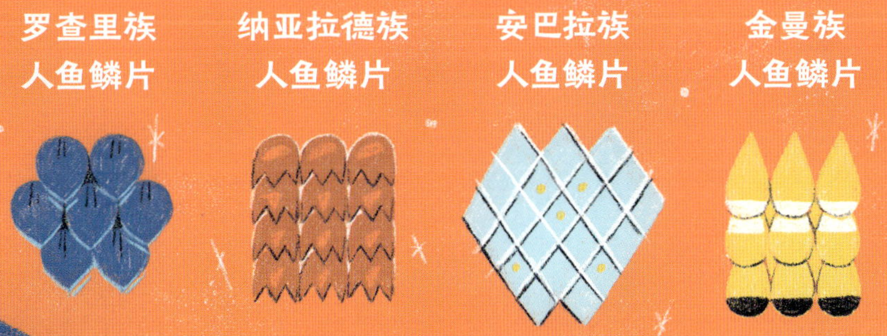

速度和力量

人鱼天生就是游泳健将。他们在水中穿梭的速度比你我在陆地上奔跑的速度快得多。他们喜欢顺流而行，想要逆流而上，需要有能力与强大的水流相对抗，这并不容易办到。好在年轻的人鱼会学习许多不同的技巧，可以在危险的水域中来去自如。

波浪式

要在水中如波浪一般向前翻滚，人鱼必须拥有强健有力的躯干和灵活柔韧的脊柱。他们用胸部破水，身体向前用力，尾巴像一把强力的大扇子上下扇动。

仰泳式

采用这种泳姿时，人鱼可以欣赏水面的粼粼波光。玩性大发的人鱼会直接从海面下掠过，尾巴不时冒出水面，拍向空中。

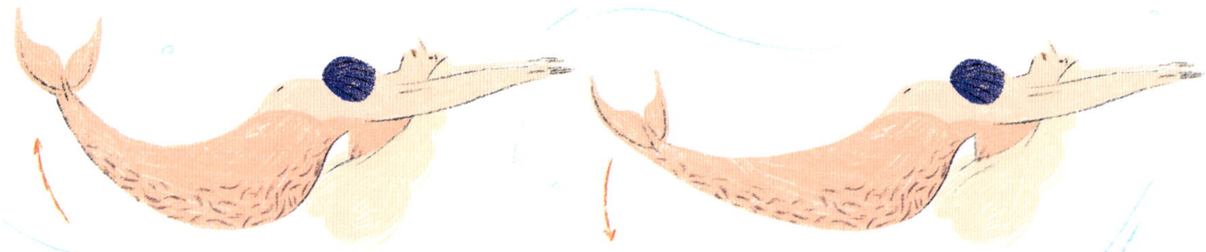

侧泳

这种泳姿的动作较为和缓，速度较慢，通常是两个人鱼游到一起聊天时使用。要想和别的人鱼步调一致，必须花费时间多多练习才行，因此，能侧泳同行的大多是亲属或者密友。

鱼雷式

团身，伸展，箭一般射出去！鱼雷式泳姿可谓动若惊雷，乐趣无穷。年青一代的人鱼非常喜爱这种泳姿，常常在不经意间玩上一把。

人鱼的一生

人鱼是群居生物，非常享受身边有同伴以及其他海洋生物的陪伴。人鱼的家庭成员之间关系亲密，常常祖父祖母、叔叔婶婶、堂兄表弟、侄儿侄女一大家子住在一起。

家庭

女性人鱼的妊娠期（怀孕期）一般为 10 个月左右。小人鱼在长到有能力保护自己之前，会一直待在父母身边。人鱼的一生十分漫长，他们对生活充满激情，富于冒险精神。老年人鱼退休后，家人会负责照顾他们。

童年期

人鱼的童年与人类的区别并不太大。他们在 3 岁左右开始上学，学习水下生活的基本知识和技能。小人鱼每天都要练习游泳，务求身强体壮，以便驾驭水流。水中既没有道路，也没有实际的边界，想要在海洋中来去自如不迷路，洋流地图就成了所有小人鱼的必学课。

青年期

处于青年期的人鱼好奇心重，喜欢四处探险。人鱼姑娘和人鱼小伙们热衷于在海洋中冒险，与人类发生接触的可能性较大。他们喜欢把发型换来换去，不停尝试新的风格，搞得父母头疼不已。

成年期和老年期

人鱼能够活到 150 岁。他们在海洋城市里上班，在深海农场里劳作，年老之后退休，颐养天年。众所周知，老年人鱼性情顽劣，经常捉弄年轻人鱼。

第二章

世界各地的人鱼

对探险家们来说，游遍海底是一项不可能完成的任务。海洋宽广无垠，深不可测，即使是居住在海底的人鱼也无法探索完每一个角落。人鱼们选择聚居在自己熟悉的，既安全又有丰富食物来源的地方。

不同的人鱼部落形成了不同的氏族。据我们所知，世界上有四大人鱼氏族，而这四大氏族并不包括定居在河流与湖泊中的人鱼，也不包括目前还不为我们所知的人鱼。这些人鱼氏族建造起了繁华的都市，将本族群的传奇故事刻在城墙上，并在各大洋之间彼此沟通进行贸易往来。他们都有自己独特的文化，外貌特征也迥然不同。

大西洋的罗查里族

在海面漆黑如墨，掀起高达 20 米怒涛的地方，居住着罗查里族人鱼。他们身体强壮，对大西洋强劲的洋流了如指掌。他们头戴深海岩石制作的头盔，身着由坚硬贝壳、骨头和海沙打造的铠甲。

主要食物：

海藻、磷虾、海草果冻、银鱼

居住区域：大西洋南部

首领：以利撒，一位慷慨又和善的女性人鱼

族徽

深海岩石头盔

罗查里天平

水手的灵魂

水手对人鱼普遍怀有畏惧之心，而罗查里族人鱼是最令他们恐惧的，或者说是最令他们敬畏的。据说，罗查里族的年轻人鱼会带着探险小分队来到那些受困的船只前，在大西洋掀起滔天巨浪之时，抬起船只，将船上的每一个灵魂称量一番。“是好是坏？”大海在询问，罗查里族人鱼听得真真切切。好心人的船只会稳稳地渡过风浪，驶向安全的地方。而那些坏心肠的人，罗查里族人鱼会和他们做一笔交易：一颗心换一条命。许多水手在新海岸登陆时，已经永远失去了他们的心。

太平洋的纳亚拉德族

太平洋的深邃和宽广远超地球上的其他海洋。在太平洋的某些地方，海底塌陷，形成一个个又黑又深的巨洞；而在另一些地方，海底遍布着一座座激烈喷发的火山。热爱冒险的纳亚拉德族人鱼就定居在这种壮观而独特的地方。佩戴用贝壳和彩色岩石打造的各种饰品和腰带，是纳亚拉德族人鱼的显著特征。

分布区域：太平洋夏威夷群岛附近

首领：奈洛克，一位聪慧、严厉，但又古道热肠的女性人鱼

主要食物：

软珊瑚、紫海草、蟹钳、烟熏苔藓

族徽

珠宝饰品

礼服裙

珠宝大师

纳亚拉德族人鱼的聚居地是一个大宝库，这里盛产最为精致美丽的贝壳、珍珠、鱼类和岩石。他们是珠宝大师，能够将普通卵石打造得如猫眼石一般幽光流转。为了制作熠熠生辉的珠宝，纳亚拉德族人鱼很注重保护环境。美丽的珊瑚丛和微光闪烁的海草田能吸引来魟鱼、蝠鲼、鲨鱼、狮子鱼和海参，因此是人鱼们重点保护的地方。他们说，想要制作出品质上乘的珠宝，需要得到一千条鱼的祝福。

北冰洋的安巴拉族

在寒冷、阴暗、令人痛苦难当的北冰洋，寒意能钻入深深的海底。极少有人鱼能在这种环境下生存，但强悍的安巴拉族是个例外。他们有厚厚的脂肪，能够抵御冰冷海水的侵袭。他们还穿着防护皮衣和毛皮斗篷。他们的尾巴呈冰蓝色，头发如珍珠般洁白。

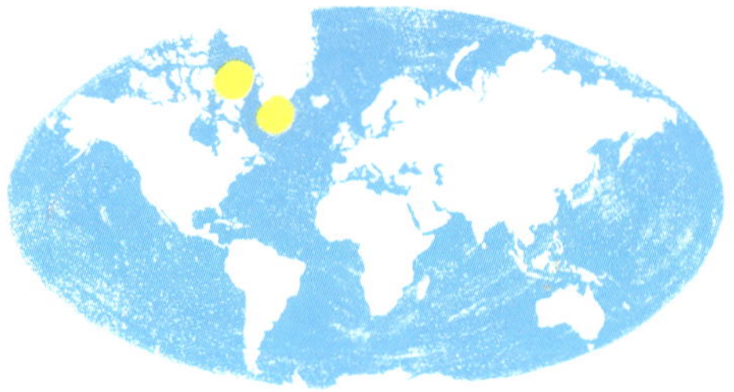

分布区域：北冰洋，格陵兰岛和加拿大北部海域

首领：翁蒂娜，一位智略过人、城府深厚，不时发出顽皮笑声的女性人鱼

主要食物：

小虾沙冰、乌贼、磷虾、黄海藻

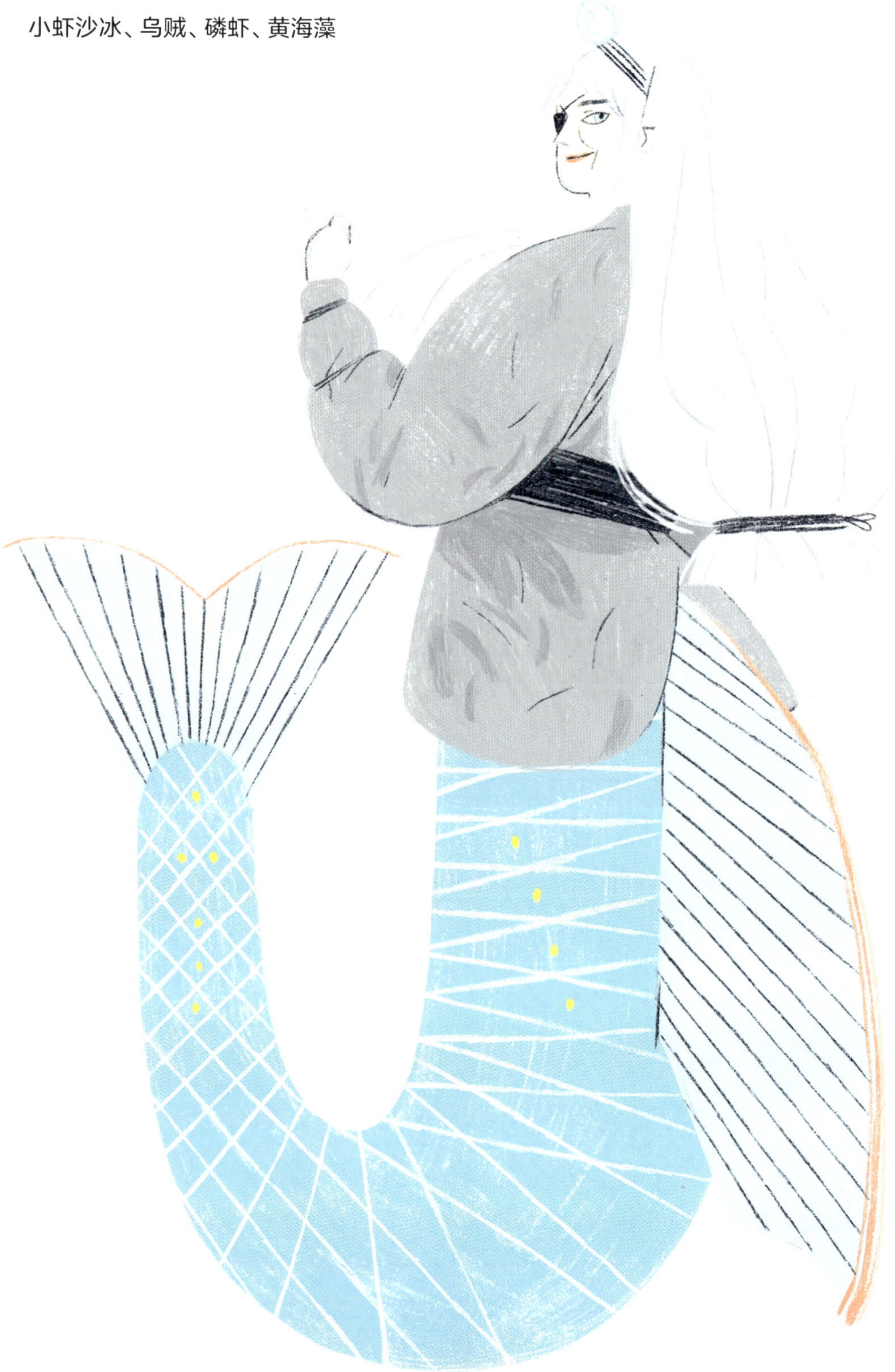

族徽

海象王的王冠

能照亮深海的安巴拉珍珠

废黜海象王

北冰洋曾经是海象王的领地。海象王身躯庞大，贪婪好吃。中午他要吃一大桌菜，晚上他要吃两大桌菜，吃完了大鱼，就吃小鱼，最后海里只剩下极小极小的鱼了。安巴拉族人鱼是这片海域的守护者。海象王吃得越多，他们就越是忧心如焚。想要阻止贪婪暴虐的海象王，唯一的办法就是挑战他，向他发起决斗。这场惊天动地的决斗持续了一天一夜。海象王用巨大的獠牙划破海面，速度之快，令人头晕目眩。然而安巴拉族首领速度更快，武艺更高，海象王根本不是她的对手。海象王的王冠破裂成两半，被保存在一只玻璃匣中，时刻提醒安巴拉族人鱼铭记自己的使命：守护海洋，爱护海洋。

印度洋的金曼族

金曼族人鱼生活在印度洋爪哇海沟附近。这里海水温暖，像玻璃一样清澈透明。因此，金曼族人鱼很擅长通过伪装来躲避潜水爱好者和渔民。他们用紫色的苔藓制成盔甲。这种苔藓内有许多抱球虫，会在他们的手臂上爬行，蔓延形成彩色的花纹。

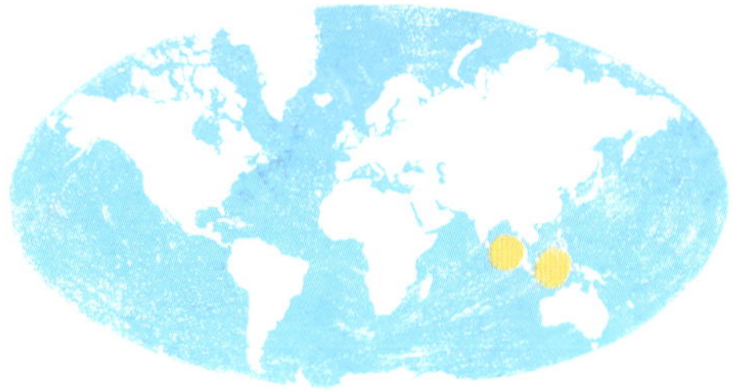

分布区域：印度洋、印度尼西亚

首领：蒂阿玛，一位沉默寡言，温文尔雅但警惕性很高的男性人鱼

主要食物：

浮游植物、卷卷藻、海草根茎、苔藓冻、海带根

族徽

抱球虫

最古老的人鱼图书馆中珍藏的卷轴

人鱼图书馆的守卫者

金曼族人鱼守卫着最古老的人鱼图书馆。在印度洋的深处，人鱼图书馆的入口附近有一间小小的屋子，那里住着一位最年长的金曼族人鱼，大家都叫他“深沉的拉伊”。他只有一只眼睛，一颗牙，总是带着一脸似笑非笑的表情。他是人鱼世界各种传说故事的守卫者和传承者。他在海草园中蹒跚而行，用独眼警惕着强盗、恶棍、小偷和人类闯入！他看起来弱不禁风，但实际上，“深沉的拉伊”能耐大着呢，他甚至可以召唤暴风雨！在每年最冷的那一天，人鱼们会向他献上一颗珍珠，以感谢他护卫人鱼世代流传的故事。

淡水水域的人鱼

在浊浪滚滚的江河中，也有小群的人鱼与海豚、鳄鱼、鳗鱼为伴。他们是怎么来到这里的呢？为什么选择居住在如此靠近人类的地方？这些问题对人鱼学家而言，仍然是未解之谜。淡水人鱼的数量太少，尚不足以构成一个完整的族群。我们的研究表明，相比生活在海洋中的同类，淡水人鱼可以出水活动的时间更长。

金色人鱼｜池塘、湖泊

金色人鱼最显著的特征是金灿灿的鱼鳍和身体。

他们背上长着短而尖的骨刺，平时喜爱佩戴珍珠饰品。这类人鱼对环境的适应性很强，生活在大型湖泊中时，体形可以长得很大；生活在小池塘时，体形又可以长得很小巧。

佩尼克斯人鱼｜瀑布、激流险滩

佩尼克斯人鱼喜欢藏身于亚马孙河流域蜿蜒曲折的支流中。多数人类目击事件发生在晚上，那时他们正在翻腾的瀑布中玩耍。他们的尾巴上有粉色和棕色的花纹。

小矮人鱼 | 城市河道

这种体形小巧的人鱼能一头扎进黑乎乎的污水中，收集掉落在城市河道里的金属和珠宝。他们拥有一双散发着琥珀色光芒的眼睛，长着红头发。他们身穿金属制成的盔甲，看起来像扭曲的雕塑。

巴罗迪特斯人鱼 | 湿地

这类人鱼有着坚韧如皮革的绿色尾巴，就像鳄鱼的尾巴一样。在澳大利亚和刚果一些较为湿润的地区，人们通过观察发现，巴罗迪特斯人鱼喜欢生活在水流缓慢、植被茂盛的地方。

洋流分布图

环绕地球的盛行风推动着海水以固定的模式流动，形成洋流。想要长途旅行，不管是游泳还是坐船，都最好随着风的节奏来。尽管洋流一年四季都在变化，但无论是人鱼还是人类水手都对洋流的分布了如指掌。

第三章

人鱼文明知多少

人鱼学院的许多学生很了解人类与人鱼相遇的故事，有些学生甚至听过“人鱼之歌”的故事，据说那歌声会将水手诱入水中溺死。可是我们能从这些传说故事里获得多少关于人鱼的知识呢？还有没有别的途径了解这种神秘的生物呢？

本章将带大家看看人类对人鱼的记载，领略人鱼令人惊讶而又新颖独特的水下生活方式，同时借助现代科技的力量，慢慢拼凑出人鱼的文明史。

传说中的人鱼

人类给人鱼起过很多名字——欢乐少女、露莎卡、宁玥、天克天克、鲛人……当然，还有美人鱼。有些名字代表着幸运，有些则是灾祸的象征。以下是人类讲述的人鱼故事中最著名的桥段。

欢乐少女

帕德斯托是英国康沃尔海岸的一个繁忙港口。传说，一位年轻的美人鱼喜欢在帕德斯托港附近的水域出没。有一天，一个叫汤姆的男人把她误认成海豹，不小心开枪射杀了她。临死前，她发出的诅咒变成毁灭之堤——一个封锁住整个港口的狭长沙洲，摧毁了无数试图靠岸的船只。

露莎卡

在俄罗斯流传着一个古老的斯拉夫民间传说，是关于水泽精灵露莎卡的。曾经，人们认为水泽精灵会为开荒种地的人带来好运，但后来却开始害怕她们了。因为她们变得很邪恶，会唱歌嘲讽人，在波浪中跳舞引诱那些迷途的灵魂。

宁玥

在日本，人鱼这个词的发音是“宁玥”，译成中文就是“人鱼”的意思。在日本传说中，人鱼哭泣时掉落的眼泪会幻化成珍珠；吃人鱼肉能青春永驻，长生不老。日本最早的人鱼传说记录于619 年，正是推古天皇时期。记录中写着这位女天皇曾捕获一只人鱼，放在水缸中供人参观。

天克天克

在澳大利亚的阿纳姆地，一群水泽精灵生活在圣河湾和阿利盖特河的东部、西部和南部，他们就是水潭的守卫者天克天克。他们在夜间从水中来到陆地上四处游荡。他们也是了不起的艺术家，会想方设法为人类艺术家启迪灵感，甚至会与人类通力合作。

人鱼形态的水中神祇

人类信奉的许多神祇都与海洋有关。有时，这些神祇会化为人鱼的形态出现在人类面前，提醒人们不要忘记海洋的力量。至于人鱼是否也崇拜这些神祇，目前还不清楚。

波利尼西亚海神

海神堂伽罗瓦体内装着地球上所有的水。后来水装不下了，他便让水冲过干旱的陆地，创造了海洋。

巴比伦水神

水神恩基是创世女神纳姆的儿子，生活在海洋深处一个叫阿祖的地方。他被看作是恶作剧之神，总是披着一件水斗篷，斗篷里满是闪闪发亮的鱼。

尼日利亚奥贡河神

奥贡河神耶曼娅是一位慷慨又和善的女神，穿着七层蓝白相间的蓬松塔裙。在非洲约鲁巴人的语言中，耶曼娅的名字有“鱼的母亲”之意。她和其他神一起，通过一根绳子从天上来到人间。

希腊海神

海神波塞冬的儿子特里同以吹奏海螺操控海水而闻名。同时，他也是海中的使者。他住在大海深处的金殿内，但这金殿究竟位于何处，至今仍然是个谜。

亚述水神

水之女神阿塔伽提斯曾被供奉在地中海沿岸一座黄金做屋顶的神庙中。如今，神庙早已坍塌破败。据说，圣湖中的鱼是她养的宠物。

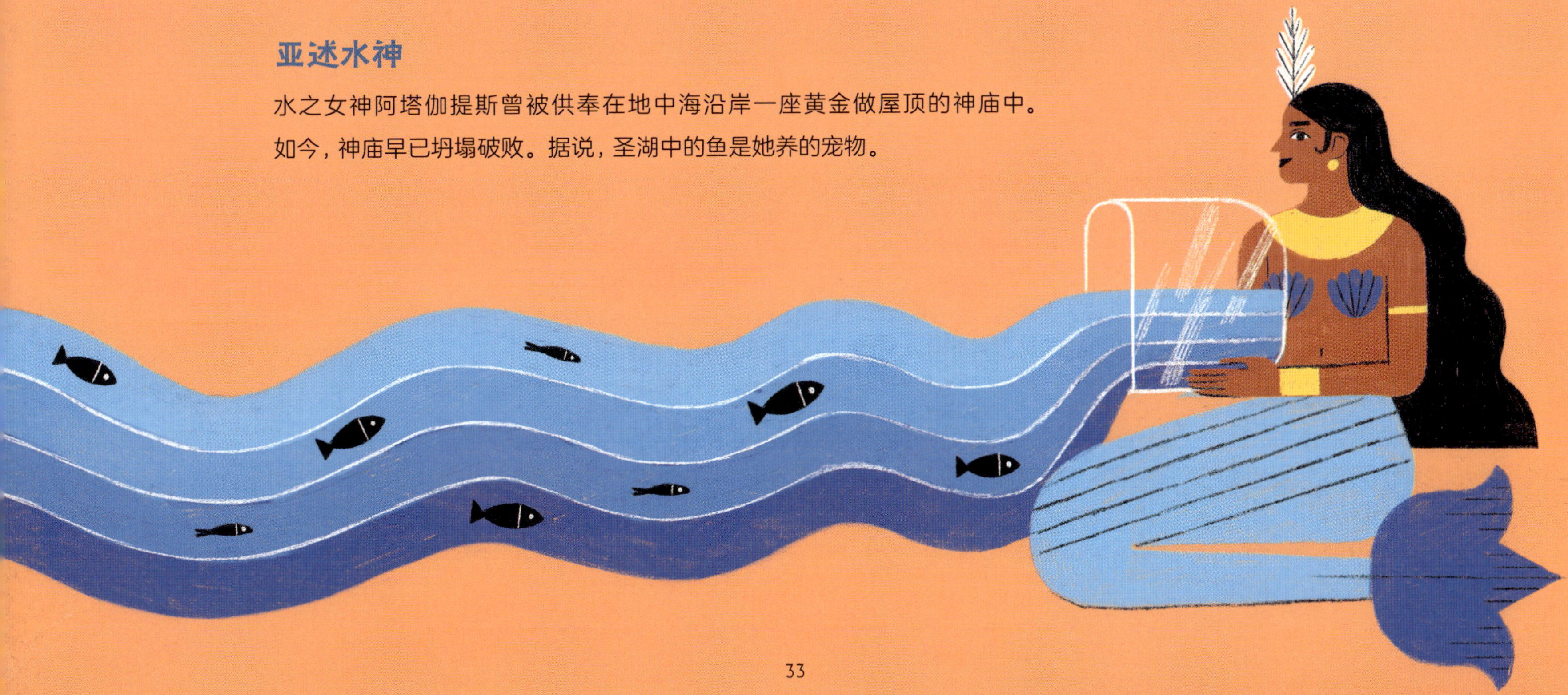

语言与交流

人鱼学家对人鱼的语言和文字非常感兴趣。人鱼使用的文字符号由线条、三角形和圆形组成。这些文字符号与汉语拼音字母很相似，也有 26 个，各有不同的发音。破译一种未知的语言是一项艰巨的任务，多年来，人们一直无法知道这些文字的意思，直到 1508 年，人鱼学家麦克贝恩夫妇成功破译了人鱼的文字。

破译人鱼的文字

麦克贝恩夫妇是真正的语言侦探，热爱解谜。由于人鱼喜欢写作，这就为他们破译人鱼文提供了相当多的机会。一块岩石的发现成为破译人鱼文的关键。这块岩石上用人鱼文雕刻着一位水下女王的故事，令人惊讶的是，岩石上还隐约雕刻着另一种文字，很接近人类古老的文字——拉丁文。这是一条关键的线索，意味着麦克贝恩夫妇终于可以破译出人鱼的文字了。

下面的对照表非常有用，你可以试一试用它破译本书中无处不在的隐藏信息。

大地的天花板

在所有发现人鱼文字的神庙中，最令人印象深刻的一处被称为“大地的天花板”。它是一个美丽的石头穹顶，位于黑海海底，由岩石穿凿而成。被穹顶笼罩的洞穴是做什么的呢？人们认为这里是人鱼制作书籍的地方。人鱼的书籍材质很像羊皮纸，但实际是用鱼皮制成的——将鱼皮去鳞、绷平，然后涂上蜡一样的鲸脂。文字被蚀刻在鱼皮上，能看到细微的刻痕、凹槽和类似印章的标记。

艺术与音乐

人鱼对艺术有着非同一般的热爱。他们的水下博物馆内满是精美的雕塑、华丽的珠宝、逼真的海草挂毯以及光亮的岩石展品。这些令人艳羡的藏品吸引了来自世界各地的参观者，其中一些艺术品已经成为人鱼文化的象征。

特里同的海螺

这只华丽的海螺装饰着闪亮的珍珠和白银，属于伟大的海神特里同。特里同骄傲地把海螺戴在自己的脖子上。他能用海螺控制海水，既可以让海面平静无波，又可以掀起惊涛骇浪。

描绘海浪的挂毯

红色、紫色、蓝色和白色的海草被巧妙地编织在一起，制成了一张挂毯。挂毯上的波涛图案栩栩如生，似乎下一刻就会奔涌而出。

初代王子的王冠

这顶灰扑扑的王冠怎么看都像一块普通的粗糙石头，只有当它被戴在合适的人的头上时，才会变成一顶散发璀璨光芒的冰冠。

这是巴兰吉特初代王子收到的礼物，它曾经光芒四射，就像长着翅膀的独角兽的那只珠光独角。

人鱼之歌

人鱼从小就开始接受唱歌训练，大部分成年人鱼都是当地合唱团的成员。人们经常可以看到人鱼在水面上练习唱歌，他们通过唱歌锻炼肺部在空气中舒张。他们的音域十分宽广，可以唱极高的颤音，也能发出低沉的吼声，将海水震推开来。

曾经有一本装帧精美的人鱼歌谱被冲上法国的海岸。书中色彩斑斓、细节丰富的内容使得人鱼学家们相信，这本书曾经一定属于一个非常显赫的人鱼家族。

科学与发明创造

就像人类为了在陆地上生活得更舒适而有了很多发明创造一样，人鱼们也想方设法地在他们的水下领地大开脑洞，物尽其用。他们的发明创造也同人类的一样，充满智慧，令人叹为观止。

洋流探测仪

这个仪器很像风向标，主要用来指示洋流的强度和方向。这能帮助人鱼进行预测：洋流这班“顺风车”将要带他们去哪里，速度有多快。

墨角藻

墨角藻是一种特殊的海草，当海水变脏时，它会从灿烂的黄色变成白色。发现墨角藻的这种特性后，人鱼便在他们的城镇周围大量种植这种植物，如此一来，他们就知道什么时候需要搬家，迁往更为干净的水域了。

水上呼吸头套

这个发明物是一个大大的气泡，用于练习水上呼吸。人鱼为了适应这种和水下截然不同的呼吸技巧，必须勤于练习。将首次练习暴露在人类的视线中，那可是大大的不明智。

气泡透镜

气泡透镜里有一滴静止的水，透过这滴水能看到很远的物体，而且纤毫毕现。这可是用来侦察天敌的利器！这种设备的缩小版被改造得适于佩戴，用以帮助那些视力不佳的人鱼。

农业与园艺

人鱼建造农场、修筑花园，是为了吸引鱼类的注意。在这些农场和花园里，满是小型植物和磷虾，可以引来人鱼爱吃的鱼类。

人鱼还会用岩石筑墙，修成可爱的小院子。石墙上满是鹅颈藤壶，可以用来吸引水母。发光的水母不仅被用来照亮漆黑的深海，还被当作宠物。人鱼白天把水母喂饱、洗净，等到太阳下山，这些小东西就开始散发出明亮的光，照亮整座花园。

最早的人鱼文明

第一个伟大的人鱼文明叫巴兰吉特。这是一个由女性主宰的文明，无数代人鱼女王严厉而公正地统治着巴兰吉特。在和平的环境中，不同的人鱼家族聚集起来，形成了大型的社区，开始发展水下农业，用贝壳和闪亮的岩石修建房屋，建造出光彩夺目的城市。他们的帝国慢慢被建立起来，形成了横跨浩瀚海底的文明。

建筑成就

人鱼学家首次发现巴兰吉特时代的城市，是由于发现了一座半埋在海底沙层中的雕塑。人鱼与人鱼学家们共同努力发掘出了许多源自古代文明令人惊奇的建筑和手工制品。一些小型文物就陈列在人鱼学院的博物馆中。

群居

巴兰吉特的首都叫达吉拉，城中漂动着许多美轮美奂的高塔。许许多多的人鱼以家族为单位住在这些高塔里。这些高塔由绳索连接在一起，并用许多深深打入地下的锚固定，避免它们漂得太远。现今这里已经被废弃，看起来就像一座鬼城，却是鱼类的乐园。

文字记载

巴兰吉特人鱼对每一件事都进行了极其详尽的记录，包括邻里纠纷、发明创造和日常购物清单等。一位年轻的巴兰吉特王子非常热衷写日记，他甚至记录了自己每天早上吃什么。通过研究他以及其他巴兰吉特人鱼留下的刻着文字的碎石板，我们对早期的人鱼了解得越来越多。

城市和居所

在平静的、如玻璃一般透明的海面下，人鱼城镇里洋溢着奇妙而喧嚣的生活气息。建造一座水下城市并不容易，需要考虑到最微小的细节：物体在水中的漂移、洋流的影响、交通运输，当然还有城市美化……

初期的人鱼村落

人们认为，初期的人鱼村落是顺着洋流漂动的，人鱼们随波逐流，四海为家。这不可避免地带来了一些问题。

一是，因为居无定所，串门走亲戚变得比登天还难。二是，人鱼那时还没有办法预测洋流和潮汐，在洋流变动激烈的时候，村与村、房与房可能会撞到一起。

精湛的建筑技艺

了不起的海底建筑工人和建筑设计师想出了办法来解决这些棘手的问题。通过一次次水下探索，我们知道海底建筑不但有浴室、舞厅、学校、博物馆和金碧辉煌的宫殿，还有市集、广场和谷仓。大城市建在庞大的海藻林的海藻主干上。巨大的海藻叶片从海底向上升起，如果你站在海底，看起来就像一只站在大树脚下的蚂蚁。人鱼的房屋就在这样的海藻林中，与高高耸立的海藻捆绑在一起。

石头房屋

在没有海藻生长的地方，人鱼便在大陆架的岩石上开凿房屋。密密麻麻的拱形窗让石头房屋看起来很像蜂巢，而巨大的柱子和高高的穹顶又让它们犹如水下的大教堂一般。

沉船庇护所

对少数依然四处漂泊或是在旅途中的人鱼来说，古老的沉船和海中洞穴是很好的藏身之所。

第四章

人鱼学家、人鱼和你

人鱼学院的人鱼学家们极其仔细地观察海洋和河流，寻找人鱼的蛛丝马迹。这项工作一点儿也不轻松，因为要查看的东西实在是太多了，但我们还是兢兢业业地把每一块岩石翻起来检查，对每一个水下洞穴进行细致探索。

在人鱼学院，我们的任务还包括搜集各类报道，研讨最新发现，以及与人鱼取得联系。最近几年，人鱼学家们取得了重大进展！我们可以与现代人鱼紧密合作，进一步了解人鱼的世界。而这儿就是你的切入点……

著名的人鱼学家

最初的人鱼学家都是水手或者沿海的居民。这些人熟悉大海，知道它性情狂暴。在这一时期，他们见到过很多美人鱼，但并不清楚人鱼世界的存在。而今，人鱼学家们的知识大大增加了，同时他们还精通其他领域，例如历史学、海岸维护以及水下科技。在人鱼学院的图书馆中，还陈列着一些人鱼学家前辈的画像。

帕蒂·麦克贝恩和保罗·麦克贝恩夫妇

密码学家，古书收藏家（1420—1510）

帕蒂与保罗夫妇二人通力合作，破译了许多新发现的文本。保罗喜欢收集古代文献、羊皮纸和装订好的手稿。夫妇俩花费了很长时间来破译人鱼的文字，最终，于 1508 年，在两人 88 岁生日后不久，获得了成功。

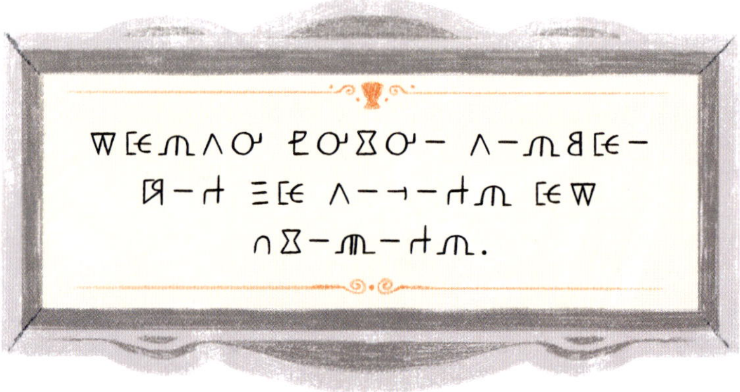

埃尔·贝丘

艺术史学家（1848—1913）

埃尔·贝丘在伦敦创建了一座非常棒的人鱼博物馆。她花费多年时间，挽回了无数濒临损毁的人鱼艺术品。期间，她对这些艺术品展开了大量研究，发现了很多人鱼的神话传说和历史故事。她本人也很擅长讲故事，而且特别风趣。她一直认为，一定要尽可能多地把人鱼的故事介绍给人类。

在每个故事的结尾，她都会这样说：“人鱼对我们避而远之，那是因为我们不够了解他们。而我越了解他们，就越希望和他们交朋友。”

凡 · 温特菲尔德船长

航海家（1665—1757）

航海家凡·温特菲尔德船长为了领略人鱼文化，进行了约20次环球航行。她搜集到了不同的人鱼族群及其行踪的信息和数据，实在是难能可贵。她还搜集了所到之处的海水样本，试图了解海水质量与人鱼的出没之间有没有某种关联。人鱼会避开受污染的水体这个特点，正是由她首次发现。

托宁 · 托马林

游泳运动员（1850—1945）

托宁的游泳速度可以媲美人鱼。他能在水下屏住呼吸超过 20 分钟，并且通过训练，能潜入水下 5 米深的地方。在高科技的水下装置还没有发明出来的时候，托宁就能在人鱼遗留的水下遗迹中进行搜查和采集工作。

危机四伏的水下世界

被人鱼当作家园的海域曾经波光粼粼、干净清澈，而今却正遭受着污染。无数的塑料碎片、垃圾沉入海沙，堵在人鱼城市里。人鱼学家们曾经发现不少人鱼家族扶老携幼逃入极乐王国——那是一个神奇的世界，是所有寻求安全的生灵的家园。只要你仔细观察，就能找到入口。

极乐王国

也许在一大簇看似不起眼的海草背后，也许在一小堆岩石下头，你就能发现极乐王国的入口。除了人鱼，没有多少人知道如何找到它，也没有多少人会去注意那些平平无奇的海草。人鱼学家唯一一次发现极乐王国入口是在 1922 年，那时他们正在印度洋近距离地观测一群人鱼。他们发现，一个庞大的人鱼家族放弃了自己的家园，进入极乐王国开始了新的生活。这些神奇生物们一直都知道极乐王国的存在，但只有在大海变得越来越脏、越来越危险，让他们无法生存时，他们才会选择进入极乐王国。不过，并非所有人鱼都愿意搬家，有许多人鱼仍然选择留在海底城市，努力把他们住处附近的垃圾清运走。现代的人鱼学家们必须想办法保护他们，让他们能安全地居住在大海里。我们的工作比以往任何时候都更重要。

海洋守护者

一群来自纳亚拉德族的人鱼率先意识到，必须打破陈规旧律，想办法与人类取得联系。第一步，需要找到可以信赖的人，并且那个人愿意倾听，愿意采取行动。经历过几次失败的沟通之后，他们终于找到了志同道合的人类——同样关心着海洋的“海洋守护者”。

赶海

所有人鱼学家都是专业的赶海人。赶海是寻找人鱼手工艺品有效的方法之一。在赶海的同时，他们还会把海滩上的垃圾清走。在海滩上进行搜寻的时候，要特别留意那些破碎的陶罐、玻璃制品、小金块或者制作精良的珠宝首饰。这些物件很可能就是重要的证据，代表着人鱼的手工艺成就。

野外生物中心

多年以来，海洋守护者与人鱼学家通力合作，建立起“野外生物中心”。这个生机勃勃的研究中心专注于海洋安全性研究。这个玻璃建筑从海面一直延伸到海底，其中有充满空气的房间，也有充满海水的房间，人类和人鱼都能在里面工作。在这里，人鱼与人鱼学家一起，研究水质、岩石、珊瑚、海沙与沉积物，研究鱼类的行为和植物的生长。通过这样的合作，双方共同努力让大海变得像从前一样干净。

如何成为一名人鱼学家

成为人鱼学家可不是一件容易的事情。不过，读完这本书，你就已经前进了一大步了。接下来，背起你的背包，带上捡垃圾的长夹子，按照如下步骤进行：

1. 潜心学习和研究海洋以及海洋沿岸的知识。把见到的动物、植物和岩石都记录下来。在笔记本上记录你的所有发现。这些都可能帮助你成为未来人鱼学家。

2. 观察细节。仔细，仔细，再仔细，永远不要浮光掠影，只看表象。海中有无数深渊暗洞，人鱼非常懂得如何利用这些地形特点。

3. 研究人鱼并了解他们的历史。这能帮助你理解他们，甚至还能帮你更加透彻地理解人类自己！

4. 学会游泳和划船。你必须学会和大海做朋友，了解它的优点、本质和性格。但一定要注意安全，游泳和划船须大人陪同。人鱼的水性比人类好得多，即使是这样，人鱼也对大海充满敬畏。

5. 永不言弃。人鱼学是一个充满挑战的领域，你或许会常常感到力不从心。但随着时间的推移，你会欣然接受这些挑战，在人鱼的文明中自由遨游。祝你好运！

请继续你的旅程

在人鱼中流传着这样一句老话：若前方波涛汹涌，黑暗无光，那就带盏明灯照亮四方。这句话的意思是，有些事情或许看起来很难办，但并不表示我们只能袖手旁观，止步不前。关于人鱼在大海深处的生活，还有许多有待我们去发现。把你读到的知识用心记下来，再去广泛涉猎更多知识，你会大有作为的。人鱼学院正敞开大门等候你的到来。

在此，我要感谢古往今来所有的人鱼学家，是你们帮助我完成了这本书，将这本书献给你们，也献给千千万万像你们一样的人。在此感谢档案学教授妮可，感谢你在图书馆中帮我核查资料。也要感谢人鱼艺术学教授卡洛琳，感谢你开阔了我的眼界，让我欣赏到最为光彩夺目的作品。感谢我的母亲，感谢你为我制作我最爱的人鱼式大餐。感谢我的父亲，感谢你在我还不会游泳的时候就带我见到了大海。最后，我要衷心感谢人鱼学院的学生们，感谢你们参与到水体观察与清洁的科考行动中来。你们经历风雨，穿越雾霭，却依然保持着自然的天性和坚定的意志，这实在很了不起。你们一定能带领我们更进一步接近人鱼的奇妙世界。

你们的阿努克·托拉教授